VERBRENN MICH DANACH

W0253037

Ein Selbsthilfebuch.

Emilia-Sophie Adano

DIESES BUCH GEHÖRT:

Die Wahrheit

Verstecke dich nicht vor der Wahrheit, sonst wird sie dich einholen. Ein Überlebenskünstler ist der, der Lüge benutzt um sie als Wahrheit zu verkaufen. Er belügt sich somit selbst und auch andere. Auf lange Zeit ein selbstzerstörender Akt.
Die ganze Wahrheit zu sagen ist (fast) unmöglich, zumindest wenn es um dich selbst geht. Meist sind unsere Erfahrungen durch Emotionen und andere Sachen verzerrt. Wir sehen die Welt ja auch nicht wie sie ist, sondern wie wir sind.
Kannst du ehrlich zu dir selbst sein?
Kannst du deine Schatten anschauen?
Kannst du die Wahrheit denken?
Kannst du sie annehmen und auch aufschreiben?
Es ist ein Akt des Loslassens, ein Akt starker Persönlichkeit.
Willst du dich selbst endlich kennenlernen? Ja? Dann gehts jetzt los.

Disclaimer

Dieses Buch ist ein Selbsthilfebuch der höchsten Güteklasse. Wenn du ehrlich genug bist, wirst du schnell merken, welche positiven Effekte das Ausfüllen dieses Buches auf dein Wohlbefinden hat. Dieses Buch ist nichts für Langweiler und halbherzige Menschen.

VERSPRECHE DIR:

-Ich bin auf der Suche nach meiner eigenen Wahrheit und werde nicht aufhören, ehe ich jede Frage beantwortet habe.

-Ich werde zu 100% ehrlich sein, sei die Wahrheit noch so schlimm, schmerzhaft oder verletzend.

-Ich mache das NUR für mich.

-Ich vernichte dieses Buch danach.

Vertrag

Ein Vertrag mit mir selbst:

Ich werde nur die Wahrheit und nichts als die Wahrheit aufschreiben.
Ich mache das für mich, weil ich weiß, dass es meine psychische Gesundheit fördert.
Ich verspreche zu 100% ehrlich zu sein.

____

(Unterschrift)

Jetzt geht es wirklich los. Egal was passiert, sei liebevoll zu dir. Bereue nichts. Sei ehrlich und direkt.
(Es sind nicht die Dinge die wir getan haben, sondern die Dinge die wir nicht getan haben, die wir später bereuen)
Du kannst weinen, lachen, schreien, alles ist erlaubt. Nun öffne eine zufällige Seite. Gibt es Zufälle?
Zufälle sind Dinge, die dir zufallen…

**Der erste Moment meines Lebens,
an den ich mich erinnern kann:**

Als Kind träumte ich oft von:

**Das vermisse ich an meiner Kindheit
am meisten:**

Die ersten Male

Das erste Mal ist immer etwas besonderes. Jedes erste Mal ist voller Spannung, Aufregung und Gefühle. Der erste Kuss, die erste Beziehung, das erste Mal. Wie waren die bei dir so? Schreib's mit einem Wort auf.

Erste Liebe:____________________

Erste Beziehung:________________

Erster Kuss:____________________

Erste Trennung:_________________

Erstes Konzert:________________

Erstes Mal Alkohol:____________

Erster Job:_____________________

Erstes Auto:____________________

Erste Schule:___________________

Erstes Mal:_____________________

Menschen, die ich damals sehr bewundert habe:

Das Süßeste, was je jemand für mich getan hat:

Meine Schulzeit in einem Satz:

Was war das letzte, was du zum ersten Mal getan hast & wann?

Meine Kindheitshelden:

Das habe ich als Kind geliebt:

Diese Poster hingen an meiner Wand:

Meine Lieblingsband:

Wenn ich nur ein Wort hätte um meine Kindheit zu beschreiben, wäre es dieses:

Lieblingsmusik in meiner Kindheit:

Die erste Sache, die ich mir als Kind selber gekauft habe:

Wie habe ich mich gefühlt, als ich das erste Mal allein einkaufen war:

Wer wolltest du schon immer mal sein?

Das habe ich als Kind gesammelt:

Die größte Inspiration (Film, Figur, Familie, Freunde, Sport,...) meiner Kindheit:

Diese große Herausforderung habe ich als Kind gemeistert:

Wenn ich noch einmal etwas tun könnte, was heute (vermutlich) nicht mehr geht, dann wäre das:

Wenn ich wie durch Zauberhand eine Sache in meinem Leben sofort verändern könnte, dann wäre das:

Dieser Lehrer hat mich am meisten geprägt (positiv/negativ). Warum?

So würde ich das Verhältnis zu meinen Eltern in meiner Kindheit beschreiben:

Mein erstes Haustier (mit Name):

Der/Die beste/r Freund/in in meiner Kindheit:

Das würde ich gern wieder haben/ fühlen (aus meiner Kindheit):

Das bereue ich, als Kind getan zu haben:

Dinge, die ich als Kind unbedingt haben wollte:

Das macht mich am glücklichsten:

Lieblingsort als Kind:

5 verrückte/coole Sachen, die ich als Kind besessen habe:

1.______________________________________
2.______________________________________
3.______________________________________
4.______________________________________
5.______________________________________

5 Dinge, die ich schon immer mal machen wollte, aber noch nicht habe:

1.
2.
3.
4.
5.

5 Gründe/Emotionen, warum ich diese Dinge noch nicht gemacht habe:

1.
2.
3.
4.
5.

Menschen, die ich aus meiner Kindheit vermisse:

Das letzte mal, dass ich “Ich liebe dich” gesagt habe:

Größter Liebeskummer den ich je hatte:

Meine große Jugendliebe:

Die beste und intelligenteste Entscheid-ung die ich als Teenager getroffen habe:

Deswegen fühle ich mich manchmal schlecht:

Dinge, die ich gestern besser hätte machen können:

Dinge die ich liebe

Hast du dir jemals darüber Gedanken gemacht, was du wirklich liebst? Wenn du weißt, was du l(i)ebst, kommst du dem Leben deiner Träume deutlich näher. Wer bist du? Erzähle.
Zeichne, was du liebst:
(Es muss nicht schön, es muss ehrlich sein)

5 Lieblingsmahlzeiten:

1.____
2.____
3.____
4.____
5.____

5 Lieblingsgetränke:

1.____
2.____
3.____
4.____
5.____

5 Lieblingsalben:

1.____
2.____
3.____
4.____
5.____

5 Lieblingssongs:

1.______________________________
2.______________________________
3.______________________________
4.______________________________
5.______________________________

Meine Top 5 Konzerte:

1.______________________________
2.______________________________
3.______________________________
4.______________________________
5.______________________________

Meine Top 5 Festivals:

1.______________________________
2.______________________________
3.______________________________
4.______________________________
5.______________________________

Meine 5 Lieblingsserien:

1.____
2.____
3.____
4.____
5.____

Meine 5 Lieblingsfilme:

1.____
2.____
3.____
4.____
5.____

Meine Top 5 Bücher:

1.____
2.____
3.____
4.____
5.____

Meine 5 Lieblingskleidungsstücke:

1.______________________________________
2.______________________________________
3.______________________________________
4.______________________________________
5.______________________________________

Meine 5 Lieblingsstädte:

1.______________________________________
2.______________________________________
3.______________________________________
4.______________________________________
5.______________________________________

Meine 5 Lieblingsländer:

1.______________________________________
2.______________________________________
3.______________________________________
4.______________________________________
5.______________________________________

Meine 5 Lieblingsreiseorte:

1.____
2.____
3.____
4.____
5.____

Meine Top 5 inspirierenden Personen:

1.____
2.____
3.____
4.____
5.____

Meine 5 Lieblingsschauspieler:

1.____
2.____
3.____
4.____
5.____

Wenn du 24h mit einer Person verbringen könntest (egal ob tot oder lebendig), welche wäre es und warum?

Was würdest du mit dieser Person machen?

In welcher Zeit würdest du gern leben und warum?

Meine letzten 5 Jahre in 5 Worten:

1. ______________________________
2. ______________________________
3. ______________________________
4. ______________________________
5. ______________________________

5 Erlebnisse, die mich zu dem Menschen gemacht haben, der ich heute bin:

1. ______________________________
2. ______________________________
3. ______________________________
4. ______________________________
5. ______________________________

5 Dinge, die ich gern an mir ändern würde:

1. ______________________________
2. ______________________________
3. ______________________________
4. ______________________________
5. ______________________________

Die härteste Entscheidung, die ich jemals treffen musste:

Die Entscheidung, die mir bis jetzt am leichtesten fiel:

Die dümmste Entscheidung meines bisherigen Lebens:

Das würde mein 7-jähriges Ich über mich heute denken:

Ich bin stolz auf mich, weil:

Ich bin unzufrieden mit mir, weil:

Davon wünsche ich mir mehr in meinem Leben:

Davon wünsche ich mir weniger in meinem Leben:

Davon habe ich genau die richtige Menge in meinem Leben:

10 Wichtige Dinge, die ich in meinem Leben gelernt habe:

1.____

2.____

3.____

4.____

5.____

6.____

7.____

8.____

9.____

10._______________________________________

Das bedeutet Erfolg für mich:

Das denke ich über Reichtum:

Dafür bin ich in meinem Leben am meisten dankbar:

Dinge in meinem Leben, die ich liebe:

Bin ich generell ein dankbarer Mensch?

Dinge, für die ich dankbar sein kann:

Das würde ich doll vermissen, wenn ich es nicht mehr hätte:

Davon sollte ich mehr tun (für mich):

Das sollten andere Menschen mehr machen:

(Nun mach selber mehr davon)

Gibt es Tätigkeiten in denen du dir zu viel abverlangst?

Das regt mich am meisten auf:

Warum?

So würde ich mein Leben gestalten, wenn ich die freie Wahl hätte:

Die wichtigsten Sachgegenstände in meinem Leben:

Dieser Person vertraue ich am meisten:

Wichtige Personen

Was wäre ein Leben ohne Menschen, zu denen man aufblickt, die man liebt, mit denen man Spaß und Freude hat? Richtig - Nichts. Es ist wichtig, dass du Menschen in deinem Leben hast, denen du vertrauen kannst und Menschen, bei denen du dich sicher und geborgen fühlst. Wen magst du? Wen liebst du? Wer ist dir wichtig? Warum?

5 wichtige Bezugspersonen:

1.______________________________________

2.______________________________________

3.______________________________________

4.______________________________________

5.______________________________________

5 Personen, denen ich vertraue:

1.______________________________
2.______________________________
3.______________________________
4.______________________________
5.______________________________

5 Personen, die mein Leben schön machen:

1.______________________________
2.______________________________
3.______________________________
4.______________________________
5.______________________________

5 wichtige Prinzipien:

1.______________________________
2.______________________________
3.______________________________
4.______________________________
5.______________________________

5 wichtige Rituale meines Lebens:

1.______________________________
2.______________________________
3.______________________________
4.______________________________
5.______________________________

5 Dinge/Menschen die ich über alles liebe:

1.______________________________
2.______________________________
3.______________________________
4.______________________________
5.______________________________

Das finde ich schön:

Das finde ich nicht schön:

Das zaubert mir ein Lächeln in mein Gesicht:

Wie fühle ich mich heute:

Eine kurze Liste von Dingen, die mich immer und zu jeder Zeit in ein Wohlgefühl bringen:

Verzeih dir selbst

Fange an deine Altlasten wegzuwerfen! Die Vergangenheit ist vorbei, du brauchst den ganzen Mist nicht mehr mit dir mitschleppen. Du verzeihst anderen nicht für deren Wohl, sondern für dein eigenes!
Heute vergebe ich mir für diese Dinge:

Das oder dasS

Unsicher. Schnell entscheiden.
Möglichkeit verpassen.
Chance verpasst.
Wie geht es dir, wenn du das hörst?
Wahrscheinlich nicht gut.
Gib dir selbst 30 Sekunden um die folgenden Sachen für dich zu bestimmen:

Schicksal	**oder**	**Zufall**
Temperament	**oder**	**Kontrolle**
Liebe	**oder**	**Sex**
Wissenschaft	**oder**	**Religion**
Intelligenz	**oder**	**Schönheit**
Aktiv	**oder**	**Passiv**
Aufregung	**oder**	**Entspannung**
Beziehung	**oder**	**Single**
Morgenmensch	**oder**	**Nachteule**

Geizig	**oder**	**Spendabel**
Liebevoll	**oder**	**Kaltherzig**
Abenteuer	**oder**	**Vorsicht**
Schüchtern	**oder**	**Aufgeschlossen**
Achtsam	**oder**	**Unaufmerksam**
Ruhm	**oder**	**Reichtum**
Alkohol	**oder**	**Anti-Alkohol**

Die 5 lustigsten Menschen, die ich je getroffen habe:

1.______________________________

2.______________________________

3.______________________________

4.______________________________

5.______________________________

5 Sachen, über die ich mich immer wieder aufrege:

1.______________________________
2.______________________________
3.______________________________
4.______________________________
5.______________________________

5 Menschen, die ich gern mal treffen würde:

1.______________________________
2.______________________________
3.______________________________
4.______________________________
5.______________________________

Das tue ich zurzeit, um meinen Körper zu kräftigen:

Das tue ich zurzeit, um meinen Geist zu stärken:

Ein schöner/schönes Satz/Zitat, der/das mir gefällt:

Das möchte ich eines Tages sein (Job, Eigenschaft,..):

Diesen Ratschlag würde ich meinem 16-jährigen Ich geben:

Diesen Ratschlag würde mir mein 80-jähriges Ich jetzt geben:

Wenn ich einen Wunsch frei hätte.. Dieser wäre es:

Diese eine Sache wollte ich schon immer mal loswerden:

Für diese Sache schäme ich mich bis heute:

(Nun vergebe dir dafür)

Das möchte ich in meinem Leben erreichen:

So viel Zeit verbringe ich täglich mit meinem Handy, PC, TV, Tablet,...:

/h

Möchte ich etwas daran ändern? Wenn ja, was und warum?

Mein größtes Geheimnis:

Warum habe ich es noch niemandem erzählt?

Das schönste Ereignis des letzten Monats:

5 Dinge, vor denen ich Angst habe:

1. ______________________________
2. ______________________________
3. ______________________________
4. ______________________________
5. ______________________________

5 Dinge, die mich unruhig werden lassen:

1.______________________________
2.______________________________
3.______________________________
4.______________________________
5.______________________________

Meine 5 größten Wünsche:

1.______________________________
2.______________________________
3.______________________________
4.______________________________
5.______________________________

5 Dinge, die ich diesen Monat noch schaffen möchte:

1.______________________________
2.______________________________
3.______________________________
4.______________________________
5.______________________________

5 Dinge, die ich mir schon immer mal beibringen wollte:

1.____
2.____
3.____
4.____
5.____

5 Sprachen, die ich gern können würde:

1.____
2.____
3.____
4.____
5.____

Bin ich glücklich?

Wieviel Zeit verbringe ich mit meinen liebsten Menschen?

Meine Ziele für dieses Jahr:

Welche Dinge hätte ich in meinem Leben besser machen können?

Welche Dinge habe ich besonders gut gemeistert in meinem bisherigen Leben?

Wem habe ich als letztes geholfen?

Warum habe ich dieser Person geholfen?

Würde ich es wieder tun? Wenn ja, warum?

Von welchen Menschen würdest du dich gerne lösen? Warum?

Welche Menschen tun dir nicht gut?

Mit wem würdest du gern mehr Zeit verbringen?

Hast du Vorbilder? Warum sind es Vorbilder für dich?

Welches Ereignis hat dich zutiefst verletzt?

Welche Dinge würdest du tun, wenn du noch ein Jahr zu leben hättest?

Was würdest du tun, wenn du noch einen Monat zu leben hättest?

Was würdest du an deinem letzten Tag auf dieser Welt tun?

Was würdest du tun, wenn du keine Sorgen und keine Ängste mehr hättest?

5 Worte, die meine letzte Woche gut beschreiben würden:

1.____________________________
2.____________________________
3.____________________________
4.____________________________
5.____________________________

5 Worte, die meine derzeitige Situation sehr gut beschreiben:

1.____________________________
2.____________________________
3.____________________________
4.____________________________
5.____________________________

So würde ich mich in 5 Worten beschreiben:

1.____________________________
2.____________________________
3.____________________________
4.____________________________
5.____________________________

(Ex-) Partner

Denke kurz über deine/n (Ex-)Partner nach. Bewerte nicht, reflektiere nur.

Erster Kuss:___________________________

Erstes Mal:_____________________________

Urlaub? Wenn ja, wo?:__________________

Schönster Moment:_____________________

Eine kurze schöne Geschichte aus unserer Beziehung:

Dafür schätze ich Ihn/Sie:

Mein coolster Spitzname:

Mein dümmster Spitzname:

Mein Lieblingsmotto:

Mein Lieblingszitat:

Mit wem aus der Geschichte der Menschheit würde ich gern ein Gespräch führen und warum?

Über was würdest du dich mit der Person unterhalten?

Das wäre der Titel meiner Autobiographie:

Bist du offen für Liebe?

Gibt es Dinge, die du noch immer nicht verkraftet hast? Wenn ja, welche?

Was wünscht du dir jetzt in dem Augenblick am meisten?

Lebst du so, wie du leben willst?

Mein positiver Beitrag zum Wohl dieser Erde, dieses Universums:

Die wichtigste Lektion meines bisherigen Lebens:

Das können andere Menschen von mir lernen:

Das kann ich von anderen Menschen lernen:

FILM ab!

Es ist Zeit für den Dreh deines Lebens. Du führst Regie. Entscheide, wer welche Rolle spielt:

1._______________als__________________________

2._______________als__________________________

3._______________als__________________________

4._______________als_________________________

5._______________als__________________________

6._______________als__________________________

7._______________als__________________________

8._______________als_________________________

9._______________als__________________________

10.______________als__________________________

Romanze, Drama, Komödie, Action, Horror oder Thriller?

Welcher Schauspieler darf auf keinen Fall fehlen?

Die coolste Szene in meinem Film:

Der Theme-Song meines Films:

Wie ist die Hauptstory?

Das wäre der Song für den Abspann:

5 Dinge, die ich äußerlich an mir liebe:

1.____________________
2.____________________
3.____________________
4.____________________
5.____________________

5 Charakterzüge, die ich an mir liebe:

1.____________________
2.____________________
3.____________________
4.____________________
5.____________________

5 Dinge, auf die ich hinarbeite:

1.____________________
2.____________________
3.____________________
4.____________________
5.____________________

Ein letzter Tanz?

Die Zeit verfliegt. Veränderung ist die einzige Konstante. Genieße alles, sammle Erfahrungen, lebe!
Deine letzten Male?

Letzter Film:________________________________

Letzte Tränen:______________________________

Letzter Sex:_________________________________

Letztes Lieblingslied:_______________________

Letztes Mal getanzt:_________________________

Letztes Mal betrunken:_____________________

Letzte große Angst:_________________________

Letztes peinliches Ereignis:_____________________________

Letztes schönes Ereignis:_____________________________

Von 1 bis 10!

Auf einer Skala von 1 bis 10, wie wichtig sind dir folgende Dinge?

Freunde	**/10**
Familie	**/10**
Kinder	**/10**
Partys	**/10**
Sex	**/10**
Bewegung	**/10**
Liebe	**/10**
Essen	**/10**
Schlaf	**/10**
Humor	**/10**
Ehrlichkeit	**/10**
Loyalität	**/10**

Wer inspiriert dich am meisten in deinem Leben?

Was motiviert dich?

Warum stehst du täglich auf?

Diese Personen lieben mich:

Für diese Personen bin ich IMMER da:

Dieser Person bin ich besonders dankbar:

Diese Superkraft hätte ich gerne:

Warum?

Dieses Schulfach habe ich gehasst:

Das mache ich anders als andere Menschen:

Dieses Schulfach habe ich geliebt:

Mein größtes Vorbild:

Das kann ich tun, um meine Ängste zu überwinden:

Das würde ich machen, wenn es kein “ABER” gebe:

Bist du zufrieden mit dir selbst?

Was bedeutet Sicherheit für dich?

Machst du in deinem Leben schon das, was du willst?

Hast du Glaubenssätze die deinem Glück im Weg stehen?

Mache ich beruflich etwas, was mich erfüllt?

Welche Dinge bringen dich am meisten voran? (Sie müssen nichts mit deinem Job zu tun haben)

Habe ich genug Geld für alles?

Mein größtes Talent:

Wie kann ich aus diesem Talent Geld machen?

Wieviel Zeit investiere ich in meine persönliche Entwicklung?

Eltern

Schwieriges Thema, ja? Bewerte nicht, reflektiere nur.

Unausgesprochenes:

Wer war strenger:

Letzter Streit:

Um was ging es?

Letzte Umarmung:

Letzter Urlaub:

Letzter Ausflug:

Letztes gemeinsames Essen:

Danke für:

Ich habe euch lieb, weil:

Das war immer schön:

Das würde ich machen, wenn Geld keine Rolle spielen würde:

Auf diese Person bin ich neidisch: (Warum?)

Bei der Person muss ich mich noch entschuldigen:

10 Fakten über mich

1.____

2.____

3.____

4.____

5.____

6.____

7.____

8.____

9.____

10._______________________________________

Von dieser Person bin ich gerade enttäuscht:

Was bringt dich zur Weißglut?

Was war das schlimmste, an das du jemals gedacht hast?

Wann habe ich das letzte mal geflirtet?

Das schlimmste, was ich jemals getan habe:

Mit wem würdest du gern Sex haben?

Beschreibe deine/n beste/n Freund/in mit 5 Worten:

1.________________________________
2.________________________________
3.________________________________
4.________________________________
5.________________________________

Wie würde er/sie dich mit 5 Worten beschreiben?

1.________________________________
2.________________________________
3.________________________________
4.________________________________
5.________________________________

5 Dinge die du gern heute machen würdest:

1.____
2.____
3.____
4.____
5.____

Was hindert dich daran, dein Leben so zu leben, wie du es leben willst?

Was würden deine Engsten nach deinem Tod über dich sagen?

Wie würde es sich anfühlen, dein Leben zu verschenken?

Was ist der Sinn deines Lebens?

Hast du deinen Eltern schon mal etwas Schlimmes gewünscht? Wenn ja, was?

Was würde dir Sorgen bereiten, wenn heute dein letzter Tag wäre?

Dort sehe ich mich in 15 Jahren:

Dort sehe ich mich in 5 Jahren:

Mein Vermögen beträgt derzeit:

Bin ich hoffnungsvoll oder lebe ich in der Vergangenheit? Warum?

Ist dein Leben ein Krampf? Wenn ja, warum?

Meine 5 größten Schwächen:

1.____________________________________
2.____________________________________
3.____________________________________
4.____________________________________
5.____________________________________

Meine 5 größten Stärken:

1.____________________________________
2.____________________________________
3.____________________________________
4.____________________________________
5.____________________________________

Wo fühle ich mich am wohlsten?

5 Dinge, die ich in meinem Leben unbedingt ändern möchte:

1.______________________________________
2.______________________________________
3.______________________________________
4.______________________________________
5.______________________________________

5 Dinge, die ich in meinem Leben bis heute verdrängt habe:

1.______________________________________
2.______________________________________
3.______________________________________
4.______________________________________
5.______________________________________

Meine 5 schlechtesten Gewohnheiten:

1.______________________________________
2.______________________________________
3.______________________________________
4.______________________________________
5.______________________________________

Ist dieses Buch bis jetzt eher cool oder eher beschissen?

Eine Sache, die ich ab jetzt (aufgrund dieses Buches) ändern werde:

Warum?

Was war das schlimmste, was du je einem Menschen gewünscht hast?

Warum und wer war es?

Diese Person würde ich gerne wieder zum Leben erwecken:

10 wichtige Fragen

Gehts dir super? **(Beantworte mit Ja oder Nein)**

Schläfst du ausreichend?

Trinkst du genug Wasser?

Ernährst du dich gesund?

Tun dir deine Freunde gut?

Liebst du deine Eltern?

Magst du deinen Beruf?

Liebst du es, zu leben?

Magst du dich selbst?

Lebst du ein schönes Leben?

Was willst du haben? Hier und Jetzt:

Für wieviel Geld würdest du einem Schwein das Genick brechen?

Bist du stolz auf dich? Wenn ja, warum? Wenn nein, warum?

Zu wieviel Prozent bist du für dein Handeln verantwortlich?

%

Davon müsste ich mehr machen, um zu der Person zu werden, die ich sein will:

Welche Entschuldigung (Ausrede) bringst du immer wieder?

10 Songs

Das ist der Soundtrack deines Lebens. Diese 10 Lieder haben dein Leben geprägt:

1.__________________________________

2.__________________________________

3.__________________________________

4.__________________________________

5.__________________________________

6.__________________________________

7.__________________________________

8.__________________________________

9.__________________________________

10._________________________________

Mit dieser Person würde ich meinen letzten Tag verbringen:

Angenommen, du weißt es nicht. Wie alt würdest du dich selbst schätzen?

Mit diesen Lastern möchte ich aufhören:

Warum möchte ich das?

10 ORTE

Diese 10 Orte möchte ich bereisen bevor ich von dieser Welt gehe:

1.____

2.____

3.____

4.____

5.____

6.____

7.____

8.____

9.____

10.____

10 Bücher

Diese 10 Bücher möchte ich noch lesen, bevor ich von dieser Welt gehe:

1.____

2.____

3.____

4.____

5.____

6.____

7.____

8.____

9.____

10._______________________________________

Wer versteht mehr von der Welt, Arme oder Reiche?

Warum?

Willst du wissen, wann du stirbst?

Warum?

Der peinlichste Moment meines Lebens:

Was ich meinen Eltern schon immer sagen wollte:

Mein Traumhaus

Fang nun einmal an zu träumen oder lebst du schon in deinem Traumhaus?

Stil:

Standort:

Nachbarn:

Fläche/Größe:

Schlafzimmer: **Badezimmer:**

Wichtige Extras:

Ausstattung:

Wie würde mein Alltag mit so einem Haus aussehen?

Zeichne dein Traumhaus:

Der gruseligste Moment deines ganzen Lebens:

Sind Menschen von Natur aus gut oder böse? Was denkst du über dich selbst?

Das unheimlichste, was ich jemals gesehen habe:

So viel Zeit verbringe ich mit meiner Familie:

An diese Person habe ich aufgehört zu glauben:

So viel Zeit würde ich gern mit meiner Familie verbringen:

Tust du Dinge, die nicht gut für dich sind? Wenn ja, warum?

Glaubst du an Reinkarnation?

Kannst du gut Zeit mit dir allein verbringen?

Das Erste Wort

Schreibe zu jedem Wort sofort das Erste auf, was dir in den Sinn kommt.

Liebe:

Hass:

Sex:

Freude:

Vollkommenheit:

Ruhm:

Armut:

Reichtum:

Schwäche:

Stärke:

Alter:

Beruf:

Vater:

Mutter:

Großeltern:

Krieg:

Frieden:

Essen:

Atmung:

Religion:

Spiritualität:

Glück:

Geld:

Erfolg:

Drogen:

Alkohol:

Zigaretten:

Sucht:

Leidenschaft:

Abhängigkeit:

Schule:

Verbot:

Schmerz:

Kraft:

Lebe im jetzt

Du sollst im Jetzt leben, so vermitteln es große Persönlichkeiten.

Wie geht es dir?

Was machst du?

Was fühlst du?

Was wünscht du dir?

Was brauchst du?

Was willst du unbedingt?

Was kotzt dich an?

Was läuft super?

Wie willst du sterben?

Wie alt wirst du?

Meine Freunde

So, jetzt mal zu deinen Freunden. Wer wird am ehesten was?

Politiker:
Astronaut:
Arzt:
Arbeitslos:
Millionär:
Fashion Ikone:
Musikstar:
Künstler:
Promi:
Z-Promi:
Mörder:
Obdachlos:
Lehrer:
Wissenschaftler:
Versicherungsvertreter:
“Finanzdienstleister”:

Glaubst du an einen Gott? Wenn ja, an welchen und warum?

Das beste was heute passiert ist:

Ist dir schonmal etwas Übernatürliches widerfahren? Wenn ja, was?

Schnell & Ehrlich

Nicht nachdenken, ankreuzen.
Los geht's!

Ich habe...

- ☐ **Drogen genommen**
- ☐ **öffentlich Sex gehabt**
- ☐ **vegan gelebt**
- ☐ **48h Party gemacht**
- ☐ **geklaut**
- ☐ **jemandem das Leben gerettet**
- ☐ **mit einem/einer Fremden geschlafen**
- ☐ **viel Geld verloren**
- ☐ **viel Geld gewonnen**
- ☐ **fremdgevögelt**
- ☐ **mich dazu entschieden, betrunken Auto zu fahren**

Welche Eigenschaft hasst du an dir selbst?

Welchen richtig guten Freund (von heute) hast du damals gehasst und warum?

Auf einer Skala von 1-10, wie faul bist du?

/10

Traumleben

Häufig leben wir nicht das Leben, was wir uns eigentlich wünschen. Das einzige was uns davon trennt, sind unsere Entschuldigungen, unsere Faulheit und “die Anderen”.

Wie würde dein perfektes Leben aussehen? Beschreibe es so genau wie möglich:

Beschreibe dein Leben in 5 Worten:

1. ____________________
2. ____________________
3. ____________________
4. ____________________
5. ____________________

Beschreibe dich selbst in 5 Worten:

1. ____________________
2. ____________________
3. ____________________
4. ____________________
5. ____________________

5 Dinge, die du sofort ändern willst:

1. ____________________
2. ____________________
3. ____________________
4. ____________________
5. ____________________

Reflektion

Du hast beim Ausfüllen dieses Buches gemerkt, dass da noch Potential in dir schlummert, welches du bis jetzt noch nicht genutzt hast? Dann bist du jetzt dazu angehalten, dein bisheriges Leben liebevoll zu reflektieren und zu überlegen, was du in Zukunft anders machen wirst.

Denk daran, die Lösung deiner Probleme liegt niemals auf der gleichen Ebene wie die des Auslösers.

Heißt: Es wäre verrückt - bei gleichem Tun ein anderes Ergebnis zu erwarten.

**Fang an für das Leben zu arbeiten, welches du dir wünscht.
Das Universum will dich glücklich sehen. Dein Glück ist alles was zählt**

-------------IN DEINEM LEBEN-------------

Wie war es für dich, dieses Buch auszufüllen? Sei ein weiteres Mal ehrlich.

Ende

Schreibe noch einmal auf, was du ab heute anders machen wirst.
Bitte schreibe auch auf ‘warum’,
- das ist deine Motivation.

Ein letztes Wort

Ich hoffe, dass dir das Ausfüllen dieses Buches Spaß gemacht hat und du ein paar Dinge für dich mitnehmen konntest. Nun schreibe noch ein paar abschließende Worte auf, bevor du dieses Buch mit all seinen Geheimnissen vernichtest.

Affirmationen

Ich liebe mich.

**Ich bin glücklich.
Ich bin gesund.**

Danke für all die Liebe die ich in meinem Leben erfahren durfte.

**Ich bin viel größer als meine Probleme.
Ich verzeihe und vergebe mir selbst.**

**Ich bin stark und mutig.
Ich kann alles schaffen, was ich will.**

**Ich lasse negative Gedanken los.
Ich liebe mein Leben.**

**Danke für meine Gesundheit.
Danke, Danke, Danke, Danke.**

Wenn du dich für Dinge bedankst, werden davon mehr in dein Leben kommen.

Bewertung

Auch wenn ich mehrmals gesagt habe, dass du nicht bewerten sollst...

Wenn Dir dieses Buch gefallen hat,

würde ich mich riesig über eine Bewertung freuen.

Ich hoffe du hast viel gelacht (vielleicht sind auch ein paar Tränen geflossen), beides ist ein Zeichen für Heilung.

Natürlich kannst du dieses Buch auch Bekannten, Freunden und Kollegen schenken. Es eignet sich hervorragend als witziges Geschenk zum Geburtstag, an Weihnachten oder zur Aufmunterung in nicht so leichten Zeiten.

Sie werden es dir danken.

Haftungsausschluss

Die Ratschläge in diesem Buch sind sorgfältig erwogen und geprüft. Sie bieten jedoch keinen Ersatz für kompetenten medizinischen Rat, sondern dienen der Begleitung und der Anregung der Selbstheilungskräfte. Alle Angaben in diesem Buch erfolgen daher ohne Gewährleistung oder Garantie seitens des Autors oder des Verlages. Eine Haftung des Autors bzw. des Verlages und seiner Beauftragten für Personen-, Sach- und Vermögensschäden ist daher ausgeschlossen.

Printed in Poland
by Amazon Fulfillment
Poland Sp. z o.o., Wrocław

18209612R00073